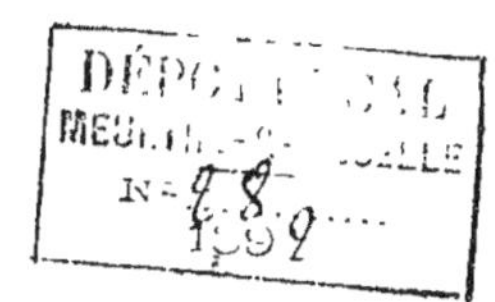

PROTECTION DES ENFANTS DU PREMIER AGE

EXÉCUTION ET EFFETS

DE LA

LOI DU 23 DÉCEMBRE 1874

AU POINT DE VUE DE LA

DÉPOPULATION DE LA FRANCE

PAR

Alphonse ROME

SOUS-INSPECTEUR DES ENFANTS ASSISTÉS DANS LE DÉPARTEMENT DU LOIRET

LIBRAIRIE ADMINISTRATIVE BERGER-LEVRAULT ET Cie

PARIS | NANCY
5, RUE DES BEAUX-ARTS | 18, RUE DES GLACIS

1892

PROTECTION DES ENFANTS DU PREMIER AGE

EXÉCUTION ET EFFETS

DE LA

LOI DU 23 DÉCEMBRE 1874

AU POINT DE VUE DE LA

DÉPOPULATION DE LA FRANCE

Extrait de la *Revue des Établissements de bienfaisance*.

PROTECTION DES ENFANTS DU PREMIER AGE

EXÉCUTION ET EFFETS

DE LA

LOI DU 23 DÉCEMBRE 1874

AU POINT DE VUE DE LA

DÉPOPULATION DE LA FRANCE

PAR

Alphonse ROME

SOUS-INSPECTEUR DES ENFANTS ASSISTÉS DANS LE DÉPARTEMENT DU LOIRET

LIBRAIRIE ADMINISTRATIVE BERGER-LEVRAULT ET Cⁱᵉ

PARIS | NANCY
5, RUE DES BEAUX-ARTS | 18, RUE DES GLACIS

1892

PROTECTION DES ENFANTS DU PREMIER AGE

EXÉCUTION ET EFFETS

DE LA

LOI DU 23 DÉCEMBRE 1874

AU POINT DE VUE DE LA

DÉPOPULATION DE LA FRANCE

La nature plus sage que l'homme, son roi, lui donne des leçons que celui-ci n'a pas toujours le bon sens de suivre.

Sauf quelques exceptions, la femme ne met au monde qu'un enfant à la fois ; cela n'indique-t-il pas clairement que le petit être n'a pas trop de tous les soins d'une mère ?

Voyez l'homme à sa naissance : s'il doit posséder plus tard l'intelligence qui fera défaut à la bête, il n'en a pas l'admirable instinct.

L'enfant livré à lui-même serait incapable de trouver seul le sein maternel.

La brute vit d'une existence purement matérielle : manger, digérer et dormir, voilà son destin.

Tout autre est celui de l'enfant qui, alors même qu'il semble n'avoir que la vie animale, demande des soins élevés.

Dès l'âge le plus tendre, deux, quatre ou six mois, selon sa précocité, la mère, en même temps qu'elle lui donne son lait, a le devoir de former sa jeune âme : « Tout en l'allaitant, elle converse avec lui et par ce langage muet et amoureux, elle excite et développe son intelligence. » (*L'Allaitement maternel,* Dr Brochard.)

Il faut n'avoir jamais eu d'enfants pour ignorer cela.

Si l'élevage multiple nuit à la santé, à l'intelligence de l'enfant, l'élevage mercenaire diminue l'amour de la famille.

Conséquemment ils sont tous les deux des causes de dépopulation, et à ce titre *ils doivent être combattus à outrance.*

Dans le monde des savants : économistes, médecins, philosophes et même romanciers, on s'occupe beaucoup d'une question grave entre toutes, question de vie ou de mort pour notre Patrie, la question de la dépopulation de la France.

Chaque fois qu'une statistique établit que ce pays tient un des derniers rangs parmi les puissances de l'Europe sous le rapport des naissances, le même cri d'alarme est poussé : « Femmes françaises, donnez des enfants à la Patrie, il y va de notre salut. »

Oui, il y va de notre avenir au point de vue économique, comme au point de vue militaire. La France peut nourrir bien plus de bouches qu'elle n'en compte, et, d'autre part, en l'état actuel du monde, la force d'une nation réside dans le nombre de ses habitants.

Malheureusement, ce n'est pas par des objurgations plus ou moins platoniques qu'on arrivera à modifier l'esprit de notre société.

Ce qu'il y a de trop certain, c'est que les familles nombreuses deviennent de plus en plus rares.

Le peuple lui-même, suivant l'exemple venu d'en haut, s'est pris aussi à calculer.

Le paysan, l'ouvrier, le petit employé réduits à la portion congrue et pouvant à peine nouer les deux bouts, regardent à deux fois avant d'augmenter leur famille; misérables eux-mêmes, ils sont, ainsi que le disait le paysan du Danube :

« Découragés de mettre au jour des malheureux. »

Comment remédier à cette situation ?

Le problème n'est pas de ceux qu'on résout en un tour de main et il se passera sans doute bien du temps avant que les travaux dirigés dans ce but soient couronnés de succès.

Mais, si l'on ne connaît pas encore des moyens capables de relever le chiffre des naissances, on peut, plus sûrement, arriver à réduire encore le nombre des décès, principalement parmi la population infantile.

L'Académie de médecine était, dans ces conditions, toute désignée pour étudier, avec compétence, ce côté de la question et indiquer les remèdes.

Elle vient de formuler, à ce sujet, diverses propositions qui doivent être soumises, sous forme de vœux, aux pouvoirs publics [1].

Parmi ces propositions, il en est une, la deuxième, qui nous intéresse, par état, si l'on peut dire, et au sujet de laquelle nous voulons présenter quelques considérations.

Elle est libellée en ces termes :

2° Révision de la loi du 23 décembre 1874, sur la protection des enfants du premier âge et surtout en ce qui concerne l'élevage mercenaire des enfants et même l'élevage maternel.

L'article 1er de la loi du 23 décembre 1874 est ainsi conçu : « Tout enfant âgé de moins de deux ans qui est placé, *moyennant salaire,* en nourrice, en sevrage ou en garde, *hors du domicile de ses parents,* devient, par ce fait, l'objet d'une surveillance de l'autorité publique, ayant pour but de protéger sa vie et sa santé. »

Depuis assez longtemps déjà, on demande la suppression des mots : *moyennant salaire,* et, *hors du domicile de ses parents,* inscrits à l'article précité.

---

1. *Revue,* 1891, p. 226 et suiv.

Aujourd'hui on veut mieux encore, et si l'on acquiesçait au vœu des réformateurs, l'article en question serait réduit aux termes suivants: « Tout enfant âgé de moins de deux ans sera l'objet d'une surveillance ayant pour but de protéger sa vie et sa santé. »

Pour que la révision d'une loi d'assistance, telle que celle du 23 décembre 1874, soit demandée, il faut qu'on en ait manifestement reconnu l'insuffisance.

La loi précitée, le règlement d'administration du 27 février 1877, les circulaires, les instructions sur la matière, tout cela serait-il suranné, incomplet ? Ne répondraient-ils plus aux besoins actuels ? Leur maintien pur et simple ne suffirait-il plus pour amener de bons résultats ?

La surveillance de l'élevage mercenaire est-elle insuffisamment organisée, ou bien a-t-elle produit tous les effets attendus ? N'y a-t-il plus rien à faire de ce côté ? Le moment est-il venu d'étendre la surveillance à l'élevage maternel ? Cette extension sera-t-elle le dernier mot de la protection ?

Autant de questions qui se posent d'elles-mêmes et auxquelles nous nous proposons de répondre.

Tout d'abord, examinons la loi du 23 décembre 1874 ; son but, les moyens prescrits pour atteindre ce but ; ses effets.

Nous verrons ensuite, puisque les effets n'en sont point suffisants, à quelles causes on doit attribuer l'absence de résultats.

Le but de la loi du 23 décembre 1874, ainsi qu'il est dit à l'article 1er, est *de protéger la vie et la santé des enfants placés en nourrice, en sevrage et en garde.*

Pour atteindre ce but, deux conditions étaient indispensables.

Aux enfants que leurs parents ne pouvaient ou ne *voulaient* garder chez eux, il fallait, avant tout, procurer de bonnes nourrices, des femmes soigneuses, dévouées, capables de remplacer, dans la mesure du possible, une tendre mère.

Cela fait, on devait organiser autour d'elles une surveillance active, éclairée et dont le résultat serait le suivant : récompenses ou félicitations à la bonne nourrice, encouragements et conseils à la moins habile, réprimandes et punitions à la mercenaire, à celles dont l'unique souci aurait été l'appât du bénéfice.

Ces conditions ont été parfaitement remplies, à notre avis, par la loi de 1874 et le règlement de 1877.

Ces documents disposent en effet :

Loi du 23 décembre 1874, article 8 :

« Toute personne qui veut se procurer un nourrisson ou un ou plusieurs enfants en sevrage ou en garde, est tenue de se munir préalablement des certificats exigés par les règlements pour indiquer son état civil et justifier de son *aptitude à nourrir ou à recevoir* des enfants en sevrage ou en garde... »

. . . .

Règlement du 27 février 1877, article 27 :

« Toute personne qui veut prendre chez elle un enfant en nourrice doit préalablement obtenir un certificat du maire de sa commune et un certificat médical...

Art. 28.

« Le certificat délivré par le maire doit contenir... tous les renseignements possibles sur la conduite et les moyens d'existence de la nourrice, sur la salubrité et la propreté de son habitation. Il doit constater que la nourrice est pourvue d'un berceau et d'un garde-feu.

« Sur l'interpellation du maire, la nourrice déclare si elle a déjà élevé des nourrissons, la date et la cause des retraits. . . . .

Art. 29.

« Le certificat médical est délivré par le médecin-inspecteur... ; il doit attester :

« 1° Que la nourrice remplit les conditions désirables pour élever un nourrisson;

« 2° Qu'elle n'a ni infirmités, ni maladie contagieuse ; qu'elle est vaccinée. »

Ainsi donc, toute femme qui veut être nourrice, sevreuse ou gardeuse, doit subir, en quelque sorte, un examen d'aptitude, à la suite duquel les certificats lui sont accordés ou refusés.

L'importance de ces certificats ne peut échapper à personne.

Celui du maire, notamment, qui contient toutes les indications indispensables, possède, à ce titre, une valeur exceptionnelle.

Ce qui en fait surtout le prix, c'est l'exactitude que peuvent revêtir les renseignements qu'il renferme.

Le maire connaît intimement, d'habitude, tous ses administrés : il vit au milieu d'eux et se mêle à leurs travaux. Il voit tout ce qui se passe; connaît ce qui se dit sur les uns et les autres. L'instituteur, secrétaire de la mairie en même temps, peut lui fournir, par la voie de ses élèves, des données précieuses sur les familles. Le garde champêtre, de son côté, qui parcourt journellement la commune et auquel rien n'échappe est à même de bien renseigner le maire qui se trouve, par suite, être une sorte d'*oreille de Denys* vivante, où tous les faits de l'endroit viennent se répercuter.

Le certificat médical est surtout important à l'égard des nourrices au sein [1].

Le médecin-inspecteur ne connaît pas, d'ordinaire, la femme qui se présente à lui, et il n'y a rien d'étonnant à cela, car, outre que ce praticien n'a avec les gens que des rapports passagers et souvent lointains, il est toujours chargé de surveiller plusieurs communes à la fois.

Sa déclaration se trouve, par suite, nécessairement limitée à des constatations individuelles, personnelles, qui ne peuvent avoir trait qu'à l'état de santé ou de maladie.

---

1. L'élevage artificiel tend malheureusement à se propager de plus en plus.

Sauf dans un petit nombre de départements où les enfants élevés au sein sont encore en majorité, le biberon triomphe partout, et ce, dans des proportions effrayantes.

Dans certains départements du Centre et du Nord, la proportion varie entre deux tiers et neuf dixièmes des nourrissons.

Lors donc que le médecin certifie qu'une nourrice remplit les conditions désirables pour élever un enfant, cela se réduit à dire qu'elle n'a ni infirmités, ni maladie contagieuse et qu'elle est vaccinée.

De ce que nous venons d'indiquer il ressort clairement que si les maires et les médecins tiennent strictement la main à l'exécution de la loi et du règlement, s'ils remplissent avec conscience la mission importante et délicate qui leur est confiée, il ne pourra y avoir que de bonnes nourrices.

Toutefois si, malgré les précautions, quelques femmes parvenaient à tromper leur vigilance, la surveillance édictée par la loi aura sûrement pour effet de réparer le mal qu'occasionnerait un certificat arraché par surprise.

En quoi consiste cette surveillance? Nous allons l'indiquer sommairement.

Dans chaque commune, ou du moins dans les communes où se trouvent un certain nombre d'enfants, *cinq au moins,* appelés à recueillir les bienfaits de la loi, il y a une commission locale.

Cette commission présidée par le maire comprend deux mères de famille et le ministre du culte ; le médecin-inspecteur dont nous parlerons ci-après assiste aux séances de la commission, avec voix consultative : le secrétaire de la mairie ou l'instituteur est d'ordinaire chargé des fonctions de secrétaire ; il s'occupe de la tenue du registre et de la rédaction des délibérations.

La commission locale doit se réunir, en séance ordinaire, au moins une fois par mois, et en séance extraordinaire lorsque les circonstances l'exigent.

Ses membres sont chargés de visiter les enfants au domicile des nourrices : ils doivent s'assurer s'ils sont bien tenus, si les vêtements et les autres objets servant à leur usage sont propres, si la maison est aérée, salubre, etc.

Ils peuvent, après chaque visite, prescrire toute mesure urgente motivée par la santé des enfants.

Dans les communes où il n'est pas institué de commission locale, le maire en exerce les pouvoirs.

Des médecins-inspecteurs institués conformément à l'article 5 de la loi de 1874, ont pour mission d'aller voir les enfants, une première fois, dans la huitaine du jour où ils sont prévenus de leur arrivée dans la commune.

Ils les visitent ensuite au moins une fois par mois et à toute réquisition du maire.

Après chaque tournée, les médecins-inspecteurs en font connaître les résultats.

L'inspecteur des enfants assistés, dans les tournées périodiques qu'il effectue au profit des pupilles de l'assistance, visite également les enfants soumis à la protection et placés dans les communes qu'il parcourt; il contrôle les visites médicales et centralise tous les documents relatifs à la surveillance.

Au chef-lieu du département fonctionne un comité chargé d'assister le préfet dans la direction générale du service, de recueillir les vœux formulés par les commissions locales, de proposer des mesures d'intérêt général.

Enfin, un comité institué près le ministère de l'intérieur sous le titre de *Comité supérieur de protection des enfants du premier âge,* a pour mission de réunir et coordonner les documents transmis par les comités départementaux et proposer les mesures les plus propres à assurer et étendre les bienfaits de la loi de protection.

Ainsi organisé, le service est-il insuffisant pour protéger la santé et la vie de l'enfance ?

Non, certes, mais encore faudrait-il qu'il fonctionnât sérieusement.

Or, la loi et les règlements sont, dans bien des cas, lettre morte ; nous allons dire comment.

La loi de 1874, on le voit par l'exposé ci-dessus, se divise en deux parties bien distinctes : la partie préventive, c'est-à-dire celle qui a trait aux formalités des certificats, et la partie curative ou celle qui touche à la surveillance.

Comme dans la médecine, la partie préventive ou prophylactique a pour but de prévenir le mal ; la partie curative ou thérapeutique doit le guérir.

Mais s'il est bien de guérir un mal, l'empêcher est incomparablement mieux.

Si l'on observait strictement les règles de l'hygiène, combien de malaises n'éviterait-on pas !

La vaccine qui préserve de la variole, la salubrité des eaux et des aliments qui garantit de la fièvre typhoïde ; l'aération, l'assainissement. la désinfection des corps, des effets, des habitations, et, d'une manière générale, la propreté qui fait diminuer les cas de contagion, tout cela c'est de l'hygiène, de la prophylaxie.

Supposons un instant que la loi ait été muette à l'égard des certificats, qu'adviendrait-il ?

Toute personne pourrait prendre des nourrissons, sauf à se les voir retirer lorsque l'exercice de la surveillance viendrait démontrer l'indignité de telle nourrice.

Ne serait-ce pas, comme on dit, mettre la charrue avant les bœufs ?

La surveillance n'est que la deuxième partie de la loi ; elle sera d'autant moins nécessaire que l'on se sera montré plus sévère pour la délivrance des certificats.

Il y a de bonnes nourrices assurément, mais il y en a aussi de fort mauvaises. C'est pour ces dernières que les formalités préalables ont été instituées.

Ces formalités sont l'*hygiène de la loi*.

Eh bien, il est triste de le dire, cette hygiène est presque partout mise de côté.

Comment sont délivrés les certificats prescrits par la loi ? Que signifient-ils ? Quelle est leur valeur ?

Qui ne connaît la situation d'un maire, à la campagne principalement !

Être agréable à tous, voilà l'objectif de ce magistrat.

Mais s'il est peu facile de contenter tout le monde et son père, il n'est guère plus aisé de plaire à tous ses administrés et de rester en même temps en règle avec le devoir et la conscience.

Il arrive trop souvent, hélas ! que des personnes indignes d'être nourrices demandent néanmoins à élever des enfants.

Voilà le maire dans une grande perplexité.

S'il refuse le certificat, il s'aliène une famille entière, il s'attire des inimitiés inextinguibles, et alors il cède, à regret sans doute, mais il cède.

Puis, comme pour se diminuer à lui-même la grave irrégularité qu'il vient de commettre, il compte peut-être sur la prochaine tournée d'un inspecteur qui, plus indépendant que lui, saura prendre les mesures commandées par la situation.

Le certificat médical, nous l'avons dit plus haut, est limité à des constatations touchant la personne même de la nourrice et il est surtout important quand il s'agit d'un enfant à allaiter.

On l'obtient le plus facilement du monde, au reste, et la plupart du temps c'est sur le simple vu de celui du maire qu'il est remis.

Les médecins refusent si peu souvent leur certificat, que, malgré la loi et les règlements, un grand nombre de femmes sont autorisées à se charger, à la fois, de deux, trois et même *quatre* jeunes nourrissons.

Aujourd'hui, l'exception prévue par l'article 26 du règlement de 1877 est devenue la règle et il est fort peu de nourrices qui n'aient qu'un jeune enfant à soigner [1].

Eh bien, nous le demandons à tous ceux qui savent, par expérience ou autrement, de quels soins, de quelle sollicitude a besoin d'être entouré l'enfant du premier âge, est-il possible qu'une femme, qui parfois a elle-même plusieurs enfants, élève convenablement quatre, trois et même deux jeunes nourrissons, quand même elle leur consacrerait tout son temps ?

Nous disons à dessein : *alors même qu'elle leur donnerait tout son temps,* car la plupart des nourrices ont vraiment besoin de recourir à d'autres occupations pour compléter les maigres ressources que les parents leur procurent plus ou moins régulièrement.

Les commissions de surveillance exercent-elles réellement et efficacement leurs pouvoirs? Sont-elles plus influentes, plus indépendantes que les maires?

Non, en vérité.

Et d'abord où existent et fonctionnent les commissions locales ?

Presque nulle part ; mais alors même qu'il y en aurait partout, quelle autorité, quelle indépendance pourrait avoir, dans les campagnes principalement, une commission locale *forcément recrutée sur les lieux?*

Au village où tout le monde se connaît, où les gens se craignent, se jalousent, on y regarde à deux fois avant de faire des observations qui seraient mal reçues ou proposer des mesures de rigueur capables d'exciter des inimitiés mortelles.

Et la preuve que les commissions locales sont peu pratiques, c'est qu'il n'en existe presque pas. Les inspecteurs départementaux sont unanimes à dire que cette institution est condamnée par l'expérience.

Mais il reste au moins le médecin-inspecteur et celui-là ne faillit certainement pas à son devoir de surveillance.

Ce praticien doit voir l'enfant une fois par mois ; le fait-il? Ne se borne-t-il pas souvent à venir quand on l'appelle ? Et, alors même qu'il relèverait des défectuosités graves, n'a-t-il pas des raisons pour n'être pas trop sévère ?

---

1. Aujourd'hui l'industrie nourricière est pleine d'aléas : les nourrices avouent sans ambages que, perdant souvent leurs salaires, elles ne prennent deux, trois et quatre nourrissons que pour *se rattraper.*

Les trop nombreux certificats qu'il délivre sont-ils toujours donnés à bon escient, ne doit-il jamais craindre de se les voir reprocher[1] ?

Combien d'enfants soumis à la protection sont-ils l'objet d'un retrait ou d'un déplacement ordonné par le médecin-inspecteur, nous le demandons, combien[2] ?

Pour notre part, nous n'en avons jamais connu, et cependant il y a des nourrissons très mal placés.

Une simple comparaison :

Voici un département où l'on compte 4,000 enfants protégés ; dans ce nombre figurent 100 pupilles de l'assistance que l'inspecteur est spécialement chargé de visiter.

Eh bien, dans le cours d'une année, ce fonctionnaire a dû prononcer le retrait d'une dizaine de ces enfants, pour cause de mauvais soins.

De l'autre côté, c'est-à-dire parmi les 3,900 autres nourrissons, on n'a eu à constater aucun mauvais placement.

Est-ce croyable ?

Les nourrices de l'administration seraient-elles donc moins soigneuses que les autres ?

Mais c'est peut-être le contraire qui est vrai.

L'inspecteur est tout à fait indépendant ; il ne connaît que son devoir et n'a pas à se préoccuper des intérêts privés.

Quand il place un enfant, les recommandations les plus formelles sont faites à la nourrice ; celle-ci peut recevoir la visite de l'inspecteur à l'improviste ; elle ne l'ignore pas et sait très bien que l'administration ne pardonnerait pas sa négligence.

Comme sanction : retrait de l'enfant, retenue du salaire, poursuites correctionnelles et, au surplus, mauvais effet produit dans la commune.

Ces diverses mesures appliquées à propos ont pour conséquence de mettre

---

1. Il ne faut pas croire que toutes les nourrices se conforment aux règlements en se munissant au préalable des certificats prescrits ; il y en a encore un très grand nombre qui prennent tout d'abord l'enfant et se mettent ensuite en règle.

Comme conséquence, c'est absolument pareil, puisque si elles eussent demandé les certificats, on ne les leur aurait pas refusés.

Mais ce devrait être au moins l'occasion de faire un exemple, le maire et le médecin n'ayant qu'à se retrancher derrière la loi, expresse sur ce point.

Mais non ; la nourrice s'inquiète à peine de sa situation irrégulière et la suite lui donne amplement raison.

2. Tous ceux qui s'intéressent à la protection du premier âge savent qu'à quelques rares exceptions près le fonctionnement de l'inspection médicale laisse fort à désirer.

Le procès de Tarare, il y a quelques années, a découvert des dessous qui sont loin d'être particuliers à la circonscription du docteur condamné.

La meilleure preuve que l'inspection ne fonctionne pas comme elle le devrait et que, partout, des sommes considérables sont dépensées en pure perte, consiste dans ce fait que les départements étudient sans cesse les moyens les plus propres à permettre le contrôle des visites médicales.

On ne prend pas, d'habitude, de telles précautions contre ceux qu'on ne suspecte pas, et les médecins auront beau faire et beau dire, ils ne pourront rien contre ce fait brutal.

au service de l'inspection des nourrices au moins aussi soigneuses que celles employées par les particuliers.

Dans ces conditions, comment expliquer qu'il ne soit relevé aucun placement défectueux, parmi les nourrissons placés par les familles ?

N'est-ce pas défaut de surveillance ou crainte d'appliquer les règlements ?

Cette situation regrettable, a-t-on pensé à l'améliorer en demandant l'exécution stricte de la loi ?

Non ; on songe surtout à appliquer aux mères elles-mêmes une loi et un règlement que l'on n'observe pas à l'égard des mercenaires.

Le champ actuel n'est-il pas assez vaste pour permettre à tous les zèles de s'exercer ? Pourquoi vouloir l'élargir, sinon inutilement, du moins inopportunément ?

Eh quoi ! l'on n'a pas l'énergie d'empêcher les mauvaises femmes de prendre des nourrissons, on n'ose pas ensuite les surveiller et on parle d'étendre la surveillance à l'élevage maternel !

Mais la plus médiocre des mères vaut bien la meilleure nourrice.

Il y a sans doute quelques marâtres, mais elles sont comparativement peu nombreuses, et c'est alors qu'il n'y aura pas une mauvaise nourrice, et alors seulement qu'on devra songer à surveiller les enfants au domicile de leurs père et mère.

Nous ne voulons pas rechercher les difficultés multiples d'un régime qui donnera aux maires, aux commissions locales, aux médecins-inspecteurs, le droit d'entrer dans notre intérieur, malgré et contre nous ; mais il y a surtout une question qui se présente d'elle-même et c'est celle-ci : Quelle serait la sanction de la surveillance ? Que fera-t-on aux parents qui ne voudront pas se soumettre à la visite du médecin-inspecteur ou qui, ayant reçu ce praticien, refuseront de suivre ses avis ? Enlèvera-t-on l'enfant à sa mère ?

Si la surveillance doit se borner à des conseils, elle est inutile ; on n'a qu'à distribuer aux mères de famille les avis de l'Académie de médecine ; *les faire imprimer,* par exemple, *dans les livrets remis par les mairies, le jour du mariage ;* les futures mamans les liraient certainement avec intérêt ; cela ferait autant d'effet qu'une visite et serait moins coûteux.

Il est une question intimement liée à la bonne exécution de la loi de 1874, c'est celle des biberons.

La plupart des médecins-inspecteurs demandent aujourd'hui la suppression du tube en caoutchouc.

Depuis quelque temps surtout, c'est leur *delenda Carthago.*

Les motifs de la réforme demandée sont trop connus pour que nous les répétions ici.

Mais comment faire adopter, à l'exclusion de tout autre, le biberon tout en verre ?

Bien que l'on ne récompense aujourd'hui que les nourrices se servant dudit biberon, cela ne suffira certes pas à l'implanter.

Quelle est la personne qui, pour une prime annuelle de 40 fr., 60 fr. et même 100 fr. consentira à se dessaisir du biberon à long tube en caoutchouc, qui *seul* lui permet d'élever à la fois trois ou quatre nourrissons et de gagner ainsi 90 fr. à 100 fr. par mois ?

Au surplus, ce biberon n'étant réellement meurtrier qu'entre les mains des nourrices peu soigneuses, on ne peut songer à le proscrire législativement[1].

Qui veut la fin, doit vouloir les moyens.

Quand un médecin demande la suppression du biberon à long tube, et, qu'en même temps, il autorise une personne à se charger de deux, trois, quatre nourrissons à la fois, il se contredit, il dit *oui* et *non* en même temps, il rend *impossible* la réforme qu'il sollicite.

Comment, en effet, peut-il supposer, lui médecin et père de famille, qu'il sera possible à une femme d'élever tant d'enfants à la fois, avec le biberon tout en verre?

Supposons un instant qu'une femme soit assez forte pour allaiter trois ou quatre enfants ; elle n'a pas à s'occuper de préparer le lait, de le faire tiédir, de le placer dans les biberons, travail d'une certaine importance quand il s'agit de tant de nourrissons ; malgré cela aura-t-elle le temps de s'occuper de tout son petit monde ?

Et le travail d'alimentation n'est pas le seul qui incombe à la nourrice. Démailloter, emmailloter, approprier le bébé plusieurs fois le jour, laver le linge, etc., etc.

Nous allions ajouter, *sortir l'enfant, le distraire, lui faire prendre le grand air,* toutes choses recommandées par les médecins et rendues impossibles par eux.

Non, non, qu'on ne se fasse pas illusion ; il n'est qu'un seul moyen capable d'améliorer les conditions d'élevage de l'enfant, et ce moyen la loi l'a placé entre les mains des maires et des médecins.

Que tout d'abord ils soient les premiers à respecter les règlements, en n'autorisant jamais ces meurtrières agglomérations chez la même personne[2], et qu'ensuite ils éliminent sans pitié les mauvaises nourrices, celles auxquelles ils ne voudraient pas confier leurs propres enfants.

Nous prévoyons quelques objections et parmi elles les suivantes :

1° Il est injuste de priver une personne de son gagne-pain ;

2° La réduction du nombre des nourrices fera considérablement augmenter les salaires ;

3° S'il n'était plus permis de prendre plusieurs nourrissons et que le

---

1. Le biberon à long tube a de nombreux défenseurs parmi le corps médical.

2. Les maires et les médecins procèdent, il faut le dire, d'une étrange façon dans la délivrance de leurs certificats.

Qu'il s'agisse d'un deuxième, troisième ou quatrième nourrisson, la formule est toujours la même : « La femme N... est apte à élever *un* nourrisson. »

C'est toujours *un* nourrisson.

De cette sorte, leur responsabilité est, pour ainsi dire, à couvert.

En effet, ils peuvent arguer qu'ils ignorent si les premiers certificats ont servi.

Ce procédé par trop judaïque demande à être réformé sans délai.

Il faut que les maires et les médecins aient le courage de leurs déclarations et que lorsqu'ils autorisent une nourrice à prendre deux, trois et quatre nourrissons en même temps, ils libellent en conséquence leurs certificats: « J'atteste que la femme N... qui a déjà un, deux, trois enfants, peut en élever convenablement un deuxième, troisième ou quatrième. »

Nous sommes bien persuadés que les maires et les médecins hésiteront fort souvent à être aussi explicites.

nombre de ceux-ci fût, par exemple, dix fois supérieur à celui des nourrices, il faudrait que les neuf dixièmes des enfants fussent élevés par leur mère.

Nous dirons, tout d'abord, qu'aucun motif ne saurait plaider en faveur d'une mauvaise nourrice ; si elle a droit de gagner son pain, ce ne doit pas être au détriment d'un enfant.

L'augmentation des salaires ne serait pas pour nous déplaire, loin de là ; si la nourrice était mieux payée, on serait en droit d'exiger d'elle plus de soins ; elle pourrait s'occuper davantage de son nourrisson.

Quant à l'absence de nourrices, à la nécessité où pourraient se trouver les mères d'élever leurs enfants, on n'aura pas le bonheur de jamais voir cela.

Si la sévérité de la loi devait avoir pour effet d'engager la mère à garder son enfant, ce n'est pas la moitié, mais bien les quatre-vingt-dix-neuf centièmes des nourrices qu'on devrait écarter.

L'élevage mercenaire est la plaie de notre époque.

« Ces douces mères qui, débarrassées de leurs enfants, se livrent gaiement aux plaisirs de la ville, savent-elles cependant quel traitement l'enfant dans son maillot reçoit au village [1] ? »

Oui, le savent-elles, même aujourd'hui, à la fin du XIXe siècle ?

Nous ne voulons pas présenter la situation sous des couleurs trop noires, mais dans une question comme celle qui nous occupe, il faut se garder plus encore de l'optimisme que du pessimisme.

Or, ce qu'il y a de certain, c'est que les conditions de l'élevage mercenaire laissent fort à désirer.

Ah ! si les femmes qui *le peuvent* consentaient à élever leurs enfants, la question serait vite résolue ; on n'aurait nullement besoin de ces services d'inspection médicale dont les frais sont loin d'être en rapport avec les résultats obtenus.

Nous ne terminerons pas cette étude déjà longue, sans dire un mot de l'inspecteur des enfants assistés.

Les visites de ce fonctionnaire, si utiles aux pupilles de l'assistance, ne le seraient pas moins aux enfants protégés.

L'efficacité de ses avis et de ses ordres est proclamée par les maires et les médecins-inspecteurs eux-mêmes.

Ah ! c'est que l'inspecteur possède justement ce qui leur manque, à savoir : l'autorité effective et morale qui s'attache à ses fonctions et, par-dessus tout, l'indépendance absolue.

La création, dans chaque département, d'un personnel administratif inspectant répondrait, à notre humble avis, aux besoins actuels. Au milieu de tout centre important d'industrie nourricière, on devrait placer, comme cela existe dans certains départements, un agent dont la mission exclusive serait de voir les enfants.

Il ne faut pas de longues et fréquentes visites pour juger une nourrice et l'on serait promptement fixé sur les éliminations à faire.

Quelques exemples rigoureux et auxquels on donnerait toute la publicité possible tiendraient en éveil les éleveuses, les mauvaises surtout, qui, se sentant surveillées de près, ou rendraient leurs nourrissons, si elles n'étaient

---

1. J.-J. Rousseau, *Émile.*

animées que de pensées de lucre, ou leur donneraient des soins convenables. Les dépenses nécessaires pour ce service seraient largement couvertes par les économies qu'on pourrait réaliser en réduisant le nombre des visites médicales.

CONCLUSION.

Nous avons sous les yeux une petite brochure[1] imprimée il y a une douzaine d'années et où l'on voit, entre autres choses, les lignes suivantes : « La véritable cause de la mortalité du premier âge est l'inexpérience des mères et des nourrices, l'ignorance dans laquelle elles sont toutes des soins à donner aux nouveau-nés. De là des préjugés, des fautes contre l'hygiène, qui font chaque année des milliers de victimes. Combien de maladies de la peau, chez les nourrissons, sont dues à la saleté ! Combien d'affections cérébrales sont dues à la crasse de la tête, aux croûtes laiteuses pour lesquelles on professe partout un saint et profond respect ! Combien d'enfants s'enrhument, deviennent rachitiques, parce qu'on les couche sur la plume, ou qu'on met leur berceau près d'un mur humide ! »

Les conditions d'élevage sont-elles meilleures de nos jours ?

Hélas ! non. Aujourd'hui comme alors, l'hygiène est chose inconnue des nourrices. Elles professent toujours un saint et profond respect pour la crasse de la tête, pour cette *horrible calotte*, comme disait le docteur Brochard, résultat d'une malpropreté repoussante ; elles couchent leurs nourrissons dans la plume, elles les étouffent sous des couvertures et des rideaux, elles leur donnent prématurément une nourriture solide ; les soins de toilette se réduisent au lavage de la bouche, des yeux et du nez de l'enfant ; le reste du corps ne compte pour rien ; elles ne les sortent point, la plupart ne le pourraient pas d'ailleurs, les laissent des journées entières au berceau dans l'urine et les matières fécales.

A quoi sert donc l'inspection médicale si l'on ne fait aucun progrès en hygiène ? Que fait donc le praticien lorsqu'il va voir les enfants ? Se borne-t-il à jeter un coup d'œil furtif sur le nourrisson et ce qui l'entoure ? La nourrice reçoit-elle, quand besoin est, une leçon d'hygiène ?

En vain objecterait-il que ses ordres sont méconnus ; la loi lui confère le pouvoir de les faire exécuter.

Mais la condition primordiale, celle sans laquelle tout effort serait illusoire, c'est le choix des nourrices.

Tous les conseils du monde ne changeront point une femme qui a des habitudes invétérées de désordre et de malpropreté, et, d'autre part, une personne surchargée de nourrissons ne pourra, malgré toute sa bonne volonté, les soigner convenablement.

Sévérité excessive, exagérée même, dans la délivrance des certificats ;

Inspection par un personnel tout à fait indépendant, qui pourrait, dans une large mesure, remplacer le médecin ;

Voilà, à notre humble avis, les deux conditions auxquelles le succès est attaché.

---

1. Dr Brochard, *l'Art d'élever les enfants.*

Nancy. — Imprimerie Berger-Levrault et Cie.

NANCY, IMPRIMERIE BERGER-LEVRAULT ET Cie